Viel Energie und gute Laune

versprechen die vegetarischen Köstlichkeiten allen, die auf Fleisch, Fisch oder Geflügel verzichten wollen. Die Rezepte bringen Abwechslung auf dem Single-Speiseplan und sind leicht zuzubereiten – auch dank der Maßtabelle auf Seite 35. So macht das Kochen »für mich alleine« richtig Spaß.

Gedünstetes Gemüse mit Käse

Gemüse pur – am besten schmeckt es frisch vom Markt.

Schnell

300 g Gemüse (Blumenkohl, Brokkoli, grüne Bohnen, Kohlrabi, Möhren, Lauch, weißer und grüner Spargel, Spinat oder eine Mischung aus verschiedenen Sorten)
1 Stück Parmesan oder ein anderer würziger Hartkäse (etwa 60 g)
1 Stück Baguette
1 Tasse Wasser
Salz
2 Teel. Butter oder Margarine

• Zubereitungszeit: etwa 20 Minuten

Etwa 1959 kJ/468 kcal

1

Das Gemüse putzen und in Form schneiden (Seite 35). Den Käse reiben oder im Blitzhacker zerkleinern. Das Baguette schräg in Scheiben schneiden.

2

1 Tasse Wasser mit wenig Salz zum Kochen bringen und das Gemüse zugedeckt darin bißfest kochen. Je nach Sorte dauert das unterschiedlich lange: etwa 3 Minuten bei Spinat, etwa 10 Minuten bei Möhren und Kohlrabi. Am besten bleiben Sie dabei und machen rechtzeitig eine Garprobe mit einer Gabel, um zu verhindern, daß das Gemüse zu weich wird.

3

Das Gemüse in ein Sieb schütten, kurz mit kaltem Wasser abspülen, gut abtropfen lassen, zurück in den heißen Topf geben und kurz abdampfen lassen.

4

Das Gemüse auf einem Teller anrichten. Butter- oder Margarineflöckchen darauf verteilen und schmelzen lassen. Den Käse über das heiße Gemüse streuen. Dazu gibt es Baguette.

Sie können die Gemüsebrühe auch auffangen und heiß trinken. Das Gemüse können Sie, wenn Sie die Butter oder Margarine hinzugeben, auch noch mit gehackten Kräutern, wie z. B. Petersilie und Estragon, würzen.

Erbsencremesuppe mit Croûtons

Diese leichte Cremesuppe schmeckt zu jeder Jahreszeit.

Klassiker

1 Kartoffel
300 g tiefgekühlte Erbsen
1 1/2 Tassen Wasser
1 Teel. Instant-Gemüsebrühe
1 Scheibe Weißbrot
2 Zwiebeln
2 Teel. Butter oder Margarine
Salz
Pfeffer aus der Mühle
1 Eßl. Crème fraîche
1/2 Teel. getrockneter Majoran

• Zubereitungszeit: etwa 15 Minuten

Etwa 1929 kJ/461 kcal

Diese Cremesuppe gelingt auch mit Möhren, Kohlrabi, Blumenkohl oder Brokkoli. Sie müssen sie dann etwas länger als die Erbsensuppe kochen lassen. Statt Majoran frische, gehackte Petersilie hinzufügen.

1

Kartoffel schälen, würfeln und in einen Topf geben. 2 Eßlöffel Erbsen beiseite stellen. Die übrigen Erbsen und die Gemüsebrühe zu den Kartoffeln geben. Das Wasser dazugießen. Zugedeckt einmal aufkochen, in etwa 10 Minuten bei schwacher Hitze gar kochen.

2

Inzwischen die Weißbrotscheibe würfeln. Die Zwiebeln schälen und in Ringe schneiden (Seite 35).

3

Eine beschichtete Pfanne erhitzen, die Brotwürfel ohne Fett braten, bis sie knusprig sind. Die Zwiebelringe und das Fett hinzufügen, mit Salz und Pfeffer würzen und bei mittlerer Hitze unter Rühren glasig braten. Anschließend die Pfanne beiseite stellen.

4

Prüfen Sie, ob die Kartoffelwürfel weich sind. Die Crème fraîche in die Suppe geben, und die Suppe mit dem Pürierstab glattrühren (Seite 19).

5

Mit Majoran, Salz und Pfeffer abschmecken. Die zurückbehaltenen Erbsen unterheben.

6

Die Cremesuppe in eine Suppenschale füllen, die Weißbrot-Croûtons und Zwiebelringe darauf verteilen.

Blumenkohleintopf

Ein sahniger Gemüseeintopf, den Sie gut variieren können.

Gelingt leicht

3 Kartoffeln
150 g Blumenkohl
1 1/2 Tassen Wasser
1 Teel. Instant-Gemüsebrühe
1/2 Bund glatte Petersilie
2 Eßl. Crème fraîche
einige Tropfen Zitronensaft
Salz
Pfeffer aus der Mühle

• Zubereitungszeit: etwa 35 Minuten

Etwa 1084 kJ/259 kcal

Diesen Eintopf können Sie mit ganz vielen Gemüsesorten machen: mit Brokkoli, Kohlrabi, Möhren, Knollen- und Staudensellerie, Zucchini, Lauch, Spargel, auch mit Kohl, wie z. B. Rosenkohl, Wirsing und Weißkohl; immer in der Kombination von 150 g geputztem Gemüse und 150 g geschälten Kartoffeln. Dazu dann die passenden Gewürze und Kräuter verwenden, wie z. B. bei Kohl Zitronensaft und Kümmel, häufig reicht aber Petersilie.

1

Die Kartoffeln schälen und würfeln. Den Blumenkohl putzen und waschen. Kleine Röschen von den Stielen schneiden und beiseite stellen. Die Stiele kleinschneiden.

2

Die Kartoffelwürfel und Blumenkohlstiele in dem Wasser zusammen mit der Instant-Gemüsebrühe zum Kochen bringen. Die Hitze reduzieren, und das Gemüse etwa 15 Minuten bei schwacher Hitze köcheln lassen. Am besten stellen Sie sich dafür Ihren Küchenwecker.

3

In der Zwischenzeit die Petersilie waschen, gut trockenschütteln. Die Blätter abzupfen und grob hacken.

4

Mit einem Schneebesen die Crème fraîche in die Suppe rühren. Mit Zitronensaft, Salz und Pfeffer abschmecken. Die Blumenkohlröschen hinzufügen und alles weiterköcheln lassen, bis die Röschen bißfest, aber nicht zu weich sind. Das dauert etwa 5–7 Minuten.

5

Die Hälfte der Petersilie unterheben. Den Eintopf in einem Suppenteller anrichten und mit der restlichen Petersilie bestreuen.

Pellkartoffeln mit Kressequark

Schlicht und ergreifend und immer wieder lecker.

Klassiker

3 Kartoffeln
Salz
3 Eßl. Cremquark (0,2 % Fett)
1 Eßl. Crème fraîche
Pfeffer aus der Mühle
1 Beet Kresse
1 Zwiebel
1 Stückchen Gurke à 50 g

• Zubereitungszeit: 30 Minuten

Etwa 1067 kJ/255 kcal

Luxusversion: Ein Häufchen Kaviar – für die, die auch Fisch essen – und ein weichgekochtes Ei mit Kresse garniert dazulegen. Kochen Sie gleich drei Kartoffeln mehr mit, dann können Sie am nächsten Tag das Bauernfrühstück von Seite 12 ausprobieren. Pellkartoffeln halten sich im Kühlschrank zwei Tage, leider kann man sie nicht einfrieren.

1

Die Kartoffeln waschen und in Salzwasser in etwa 20 Minuten gar kochen.

2

Inzwischen den Cremquark mit der Crème fraîche verrühren. Mit Salz und Pfeffer würzen. Die Kresse vom Beet schneiden. Die Hälfte davon unter den Quark heben.

3

Den Quark auf einem Teller anrichten. Die andere Hälfte der Kresse neben dem Quark anrichten. Zwiebel und Gurke schälen und fein würfeln, in kleinen Häufchen dazu legen (Seite 35).

4

Die Kartoffeln pellen und neben den Quark legen.

5

So wird gegessen: Jeweils ein Stückchen Kartoffel in den Quark dippen, Zwiebel- oder Gurkenwürfel und Kresse darauf häufen.

Bauernfrühstück

Ein herzhaftes, schnelles Essen aus der Pfanne.

Würzig

3 Kartoffeln
Salz
2 Frühlingszwiebeln
2 Eier
Pfeffer aus der Mühle
3 Tomaten
2 Teel. Butter oder Margarine
2 Eßl. Schnittlauchröllchen

• Zubereitungszeit: etwa 40 Minuten

Etwa 1619 kJ/387 kcal

Benutzen Sie eine beschichtete Bratpfanne. Der Vorteil: Nichts klebt an, und Sie kommen mit weniger Fett aus. Übrigens Bratkartoffeln gelingen besser, wenn die Kartoffeln bereits am Vortag gekocht wurden.

1

Die Kartoffeln waschen und in Salzwasser in etwa 20 Minuten gar kochen. Gut auskühlen lassen, pellen und in Scheiben schneiden.

2

Inzwischen die Frühlingszwiebeln putzen, waschen und schräg in Ringe schneiden (Seite 35).

3

Die Eier in einem Schälchen mit etwas Salz und Pfeffer verquirlen, beiseite stellen.

4

Die Tomaten waschen, achteln und auf den Rand eines Tellers legen. Mit Salz und Pfeffer würzen.

5

Eine beschichtete Bratpfanne erhitzen und die Kartoffelscheiben darin zunächst auf beiden Seiten ohne Fett braten, bis sie etwas Farbe angenommen haben. Zwischendurch die Pfanne hin und wieder rütteln, nicht rühren.

6

Das Fett und die Frühlingszwiebeln dazugeben. Die Kartoffeln bei hoher Hitze zu Ende braten, bis sie goldgelb sind. Mit Salz und Pfeffer würzen. Die Hitze reduzieren.

7

Die Eimasse über die Kartoffeln gießen und fest werden lassen. Dabei gelegentlich die Kartoffeln mit einem Bratenwender umdrehen. Neben den Tomaten anrichten und mit den Schnittlauchröllchen bestreuen.

Brokkoli in Sahnesauce

Eine neue Sauce für Gemüsegerichte – cremig und fettarm.

Raffiniert

4 kleine Kartoffeln
2 Tassen Wasser
Salz
150 g Brokkoli
1 Teel. Instant-Gemüsebrühe
2 Eßl. Crème fraîche
1 Eßl. Zitronensaft
Muskat
weißer Pfeffer aus der Mühle

• Zubereitungszeit: etwa 30 Minuten

Etwa 1477 kJ/353 kcal

In dieser Sauce können Sie alle Gemüse garen, die kurze Garzeiten haben, wie z. B. Lauch, Zucchini, Kohlrabi, Wirsing und Spinat. Mit Gewürzen – Kerbel zum Zucchino und Kümmel zum Wirsing – geben Sie ihr immer wieder eine neue Geschmacksrichtung. Diese Sauce hätte 250 Fettkalorien mehr, wenn man sie konventionell – mit Butter und Mehl – zubereiten würde!

1

Die Kartoffeln schälen. 3 Kartoffeln in Schnitze schneiden und in 1 Tasse Wasser mit Salz gar kochen.

2

Den Brokkoli putzen. Röschen und Stiele trennen. Stiele in dünne Scheiben schneiden.

3

Die übrige Kartoffel kleinschneiden oder im Blitzhacker zerkleinern und in 1 Tasse Wasser mit der Instant-Gemüsebrühe sehr weich kochen. Die Crème fraîche dazugeben und alles mit einem Schneebesen oder dem Elektroquirl glattrühren. Mit Zitronensaft, Muskat, Salz und Pfeffer würzen (Seite 18).

4

Die Brokkolischeiben hinzugeben und etwa 5 Minuten in der Sauce bei schwacher Hitze kochen lassen. Dann die Röschen dazugeben, und die Sauce etwa 5 Minuten weiterköcheln lassen.

5

Die Kartoffelschnitze abgießen und auf einem Teller anrichten. Den Brokkoli mit der Sahnesauce daneben anrichten.

Gemüseauflauf

Ein Gericht für Liebhaber von pikant Überbackenem.

Braucht etwas Zeit

3 Kartoffeln
1 kleiner Zucchino
1 Tomate
Salz
Pfeffer aus der Mühle
1 Knoblauchzehe
1 Stück Parmesan oder ein anderer würziger Hartkäse (etwa 60 g)
2 Zweige Basilikum oder
2 Eßl. tiefgekühlte Kräuter der Provence
2 Eßl. Sahne

• Zubereitungszeit: etwa 55 Minuten

Etwa 1548 kJ/370 kcal

Mit gekochten Kartoffeln geht es schneller. Sie brauchen dann nur 20 Minuten mit 200° (Mitte, Umluft 180°) zum Erhitzen und Bräunen. Den Zucchino können Sie austauschen gegen gehackten Spinat, Lauchringe, kleingeschnittenen Brokkoli oder Paprikaschotenwürfel.
Diesen Auflauf können Sie als doppelte Portion zubereiten, wenn sich Gäste angekündigt haben. Dazu paßt ein französischer Landwein.

1

Den Backofen auf 180° vorheizen. Die Kartoffeln schälen, den Zucchino waschen und putzen. Beides auf dem Gemüsehobel in dünne Scheiben schneiden. Die Tomate waschen und ebenfalls in dünne Scheiben schneiden. Das Gemüse mit Salz und Pfeffer würzen.

2

Den Knoblauch schälen und fein würfeln. Den Käse reiben oder im Blitzhacker zerkleinern. Das Basilikum waschen, trockenschwenken und grob hacken.

3

In eine ofenfeste Form eine Lage Kartoffelscheiben schichten. Zucchino- und Tomatenscheiben darauf verteilen. Das gehackte Basilikum oder die Kräuter der Provence und die Knoblauchwürfel darüber streuen.

4

Die restlichen Kartoffelscheiben dachziegelartig darauf legen. Den Käse darüber streuen. Die Sahne darüber gießen.

5

Im Ofen in etwa 45 Minuten bei 180° (Mitte, Umluft 160°) goldbraun überbacken.

Sahnesauce auf Kartoffelbasis

1 Eine kleine Kartoffel schälen und kleinschneiden. In einem Topf mit einer Tasse Wasser und einem Teelöffel Instant-Brühe sehr weich kochen.

3 Kleingeschnittenes Gemüse (Brokkoli, Kohlrabi, Lauch, usw.) in die Sauce geben und bei schwacher Hitze bißfest garen.

2 Zwei Eßlöffel Crème fraîche dazugeben, und die Sauce mit einem Pürierstab oder Schneebesen glattrühren.

4 Zum Schluß mit Salz, Pfeffer und eventuell Zitronensaft abschmecken und mit gehackten Kräutern würzen.

Cremesuppe zubereiten

1 Eine Kartoffel schälen, 150 g Gemüse putzen. Einen Eßlöffel Gemüse in feine Streifen oder kleine Würfel schneiden und beiseite stellen. Kartoffel und restliches Gemüse kleinschneiden.

3 Die Suppe mit einem Pürierstab cremig rühren. Einen Eßlöffel Crème fraîche hineinrühren. Mit Gewürzen und Kräutern abschmecken.

2 Die Kartoffel und das Gemüse in 1 1/2 Tassen Wasser zusammen mit einem Teelöffel Instant-Brühe sehr weich kochen.

4 Die Cremesuppe in eine Suppenschale füllen und mit den zurückbehaltenen Gemüsestreifen oder -würfeln und gehackten Kräutern bestreuen.

Eier mit Senfsauce

Ein leichtes Gericht für Leute, die keine Cholesterin-Probleme haben.

Schnell

3 Kartoffeln
Salz
2 Eier
1 Eßl. Senf
1 Eßl. Crème fraîche
2 Eßl. Wasser
1 Beet Kresse

• Zubereitungszeit: etwa 25 Minuten

Etwa 1477 kJ/353 kcal

1

Die Kartoffeln schälen, in Schnitze schneiden und in Salzwasser in etwa 20 Minuten gar kochen.

2

Die Eier in etwa 5 Minuten wachsweich kochen, mit eiskaltem Wasser abschrecken. Mit dem Pellen der Eier warten, bis die Kartoffeln und die Sauce fertig sind.

3

In einer kleinen Pfanne (oder in einem Glasschälchen in der Mikrowelle) den Senf mit Crème fraîche und dem Wasser verrühren und einmal aufkochen lassen.

4

Die Kartoffeln abgießen, im Topf gut durchschütteln, abdampfen lassen und auf einem Teller anrichten. Die Eier pellen und zwischen die Kartoffeln setzen.

5

Die Sauce über Eier und Kartoffeln gießen. Die Kresse vom Beet schneiden und als Häufchen auf die Eier setzen.

Diese Senfsauce ist die schnellste Sauce der Welt. Wer es noch etwas kräftiger haben möchte, brät zunächst eine kleine gewürfelte Zwiebel in etwas Öl an und gibt dann Senf, Crème fraîche und Wasser dazu.

Gebratene Nudeln mit Ei

Ein leicht bekömmliches Nudelgericht, das auch Gästen schmeckt.

Würzig

Salz
75 g dünne Spaghetti oder Bandnudeln
2 Zwiebeln
1 grüne Paprikaschote
2 Eier
weißer Pfeffer aus der Mühle
1/2 Bund Schnittlauch
1 Eßl. Pflanzenöl

• Zubereitungszeit: etwa 30 Minuten

Etwa 2406 kJ/575 kcal

Für dieses Gericht können Sie statt Nudeln auch eine Portion gekochten Reis von 125 g nehmen und die Paprikawürfel durch 150 g tiefgekühlte Erbsen ersetzen. Diese Mahlzeit ist noch schneller fertig, wenn Sie auf bereits gekochte Nudeln oder Reis zurückgreifen können.

1

1 l Wasser mit Salz zum Kochen bringen. Die Nudeln darin sprudelnd bißfest garen. Je nach Sorte dauert das 4–10 Minuten. Die Nudeln in ein Sieb schütten, kalt abspülen, zurück in den heißen Topf geben und ausdampfen lassen.

2

Die Zwiebeln schälen und achteln. Die Paprikaschote waschen, putzen und in kleine Würfel schneiden. Die Eier mit Salz und Pfeffer verquirlen. Die Nudeln kleinschneiden. Den Schnittlauch waschen, trockenschwenken und in Röllchen schneiden.

3

Eine beschichtete Pfanne erhitzen. Das Öl hineingießen. Die Zwiebeln darin glasig braten. Die Paprikawürfel und die Nudeln dazugeben und alles bei mittlerer Hitze etwa 10 Minuten braten. Mit Salz und Pfeffer würzen.

4

Die Eimasse über die Nudeln gießen und fest werden lassen, dabei gelegentlich umrühren.

5

Die gebratenen Nudeln auf einem Teller anrichten und mit den Schnittlauchröllchen bestreuen.

Nudeln mit Sahnechampignons

Ganz leicht zuzubereiten – auch für küchentechnische Linkshänder.

Gelingt leicht

Salz
75 g Spaghetti oder dünne Bandnudeln
150 g rosa Champignons oder Pfifferlinge, Shiitake oder Austernpilze
1 kleiner Zucchino
2 Frühlingszwiebeln
1 Knoblauchzehe
1 Eßl. Öl
1/2 Tasse Wasser
2 Eßl. Crème fraîche
einige Tropfen Zitronensaft
Pfeffer aus der Mühle
1 Teel. getrockneter Estragon

• Zubereitungszeit: etwa 30 Minuten

Etwa 2281 kJ/545 kcal

Kochen Sie gleich zwei Portionen Nudeln mehr mit, dann können Sie die folgenden beiden Rezepte in den nächsten Tagen ausprobieren. Zugedeckt im Kühlschrank bleiben Nudeln zwei Tage frisch; portionsweise eingefroren mehrere Monate. Übrigens: Nudeln kleben nicht zusammen, wenn man einige Tropfen Öl ins Kochwasser gibt.

1

1 l Wasser mit Salz zum Kochen bringen. Nudeln darin sprudelnd garen. Je nach Sorte dauert das 4 bis 10 Minuten. Die Nudeln in ein Sieb schütten, kalt abspülen, zurück in den heißen Topf geben und abdampfen lassen.

2

Inzwischen die Pilze putzen, wenn nötig unter fließendem Wasser kurz abspülen, trockentupfen und in Scheiben schneiden. Den Zucchino waschen, putzen und klein würfeln. Die Frühlingszwiebeln putzen, waschen und schräg in dünne Ringe schneiden. Den Knoblauch schälen und fein würfeln.

3

In einer Pfanne das Öl erhitzen. Die Pilze darin anbraten. Zucchiniwürfel, Frühlingszwiebeln und Knoblauch hinzugeben. Alles etwa 5 Minuten braten.

4

Das Wasser dazugießen, die Pilze und das Gemüse darin etwa 5 Minuten köcheln lassen. Crème fraîche hineinrühren und einmal aufkochen lassen. Mit Zitronensaft, Salz, Pfeffer und dem Estragon abschmecken.

5

Die Nudeln in einem tiefen Teller anrichten. Die Sauce darüber gießen.

Gemüsenudeln mit Nußsauce

Ein köstliches Nudelgericht mit einer interessanten Sauce.

Raffiniert

1 Eßl. Walnüsse
1 Knoblauchzehe
1 kleine Stange Lauch
Salz
75 g dünne Spaghetti oder Bandnudeln
2 Eßl. Weißwein oder Wasser
40 g Blauschimmelkäse (z.B. Bavaria blue oder Gorgonzola)
1 Eßl. Crème fraîche
1 Eßl. Salbei oder Estragon nach Belieben

• Zubereitungszeit: etwa 20 Minuten

Etwa 2436 kJ/582 kcal

Wer nicht unbedingt auf die Kalorien achten muß, kann die doppelte Menge Käse und Crème fraîche nehmen. Die Nudeln lassen sich sowohl mit Lauch als auch mit dünnen Streifen Zucchini oder Möhren – oder einer Mischung von diesen drei Gemüsesorten – abwandeln. Die Streifen schneiden Sie am besten mit einem Kartoffelschälmesser von den Gemüsestücken herunter.

1

Die Nüsse grob hacken. Die Knoblauchzehe schälen und fein würfeln. Den Lauch in 10 cm lange Stücke schneiden. Jedes Stück längs halbieren und ebenfalls längs in dünne Streifen schneiden. Dann in ein Sieb geben und unter fließendem Wasser abspülen. Gut abtropfen lassen.

2

In einem größeren Topf 1 l Wasser mit etwas Salz zum Kochen bringen. Die Nudeln in dem sprudelnden Wasser in etwa 5 Minuten knapp bißfest kochen. Dann die Lauchstreifen hinzugeben und etwa 3 Minuten weiterkochen lassen.

3

Die Nudeln mit dem Gemüse in ein Sieb schütten, mit kaltem Wasser abspülen und abtropfen lassen. Alles zurück in den heißen Topf geben, auf der ausgeschalteten Herdplatte warm halten.

4

Wein oder Wasser, Käse, Nüsse und Knoblauchwürfel in einen kleinen Topf geben. Crème fraîche hinzufügen und unter ständigem Rühren mit einem Schneebesen langsam aufkochen, etwa 1 Minute einkochen lassen.

5

Die Gemüsenudeln in einem tiefen Teller anrichten. Die Sauce darüber gießen. Eventuell noch frischen, gehackten Salbei oder Estragon darüber streuen.

Provenzalisches Gemüse

Ein Gericht für alle Jahreszeiten (auch Titelbild).

Würzig

Salz
1/2 Tasse Langkornreis
1 Zwiebel
1 Paprikaschote
3 Tomaten
1 Knoblauchzehe
3 Zweige frisches Basilikum
1 Eßl. Tomatenmark
1 Eßl. Weinessig
1 Eßl. Zucker
2 Eßl. Wasser
Pfeffer aus der Mühle
1 Eßl. Pflanzenöl

• Zubereitungszeit: etwa 25 Minuten

Etwa 1435 kJ/343 kcal

Reis gelingt immer, wenn Sie den Parboiled Reis verwenden, und zwar im Verhältnis von 2 Teilen Wasser und 1 Teil Reis. Mit schwacher Hitze köcheln lassen! Obwohl der Parboild Reis vorbehandelt ist, enthält er dennoch alle wertvollen Inhaltsstoffe. Reis können Sie auch vorkochen. Im Kühlschrank hält er sich zwei Tage.

1

1 Tasse Wasser mit Salz zum Kochen bringen. Den Reis hineinrühren. Zugedeckt bei schwacher Hitze in etwa 20 Minuten bißfest garen. Zwischendurch nicht umrühren. Deckel abnehmen und abdampfen lassen.

2

Inzwischen die Zwiebel schälen und achteln. Die Paprikaschote waschen, putzen und in etwa 3 cm große Stücke schneiden. Die Tomaten waschen und achteln. Die Knoblauchzehe schälen und fein würfeln. Das Basilikum waschen, trockenschütteln und hacken – einige Blättchen zurückbehalten.

3

In einer kleinen Schüssel das Tomatenmark mit dem Weinessig, Zucker, dem Wasser, Salz und Pfeffer verrühren.

4

In einem Topf das Öl erhitzen. Die Zwiebeln und Knoblauchwürfel darin glasig braten. Die Paprikastücke dazugeben, kurz mitbraten. Die Tomatenmarksauce hinzugießen. Einmal umrühren und zugedeckt etwa 10 Minuten bei mittlerer Hitze schmoren.

5

Die Tomatenachtel dazugeben und alles etwa 2 Minuten weiterköcheln lassen. Das Basilikum unter das Gemüse heben und alles mit dem Reis auf einem Teller anrichten, mit Basilikumblättchen dekorieren.

Risotto mit Pilzen

Ein italienisches Reisgericht, das Sie nach Lust und Laune variieren können.

Etwas aufwendiger

150 g Pilze (Champignons, Pfifferlinge oder Shiitake)
1 kleine Zwiebel
1 Knoblauchzehe
1 Frühlingszwiebel
1 Stück Parmesan oder ein anderer würziger Hartkäse (etwa 60 g)
1 Tasse Gemüsebrühe (Instant)
1/2 Bund Petersilie
1 Eßl. Pflanzenöl
1/2 Tasse Reis
4 Eßl. trockener Weißwein oder Brühe
Salz
Pfeffer aus der Mühle

• Zubereitungszeit: etwa 40 Minuten

Etwa 2243 kJ/536 kcal

Von diesem Risotto können Sie gleich mehrere Portionen kochen und portionsweise einfrieren. Am besten gelingt der Risotto mit dem runden Avario-Reis. Das ist der typische Risottoreis – rund und körnig.

1

Die Pilze putzen und kleinschneiden. Die Zwiebel und die Knoblauchzehe schälen und fein würfeln (Seite 35). Die Frühlingszwiebel putzen und schräg in dünne Ringe schneiden. Käse reiben oder im Blitzhacker zerkleinern. Die Brühe erhitzen. Petersilie waschen, trockenschütteln und hacken.

2

Das Öl in einem Topf erhitzen. Die Zwiebel- und Knoblauchwürfel darin bei schwacher Hitze glasig braten. Den Reis und die Pilze dazugeben und etwa 3 Minuten mitbraten.

3

Etwas Brühe dazugießen und bei schwacher Hitze einkochen lassen. Wenn die Brühe aufgesogen ist, wieder etwas Brühe dazugeben. Dabei gelegentlich umrühren. So verfahren, bis die gesamte Brühe aufgesogen und der Reis ausgequollen ist.

4

Den Weißwein oder die Brühe und die Frühlingszwiebeln hinzugeben und weiterköcheln lassen, bis der Reis trocken ist (Seite 34).

5

Den Topf vom Herd nehmen. Den Käse und die Petersilie vorsichtig unter den Risotto heben. Mit Salz und Pfeffer abschmecken. Etwas gehackte Petersilie zum Schluß über das Gericht streuen.

Bananen-Zucchini-Curry

Ein scharfes Gericht einmal in einer mild-würzigen Variante.

Exotisch

Salz
1/2 Tasse Langkornreis
1 Eßl. Crème fraîche
1 Eßl. Zitronensaft
3 Eßl. Wasser
2 Teel. Currypulver
1 Teel. Zucker
weißer Pfeffer aus der Mühle
2 Frühlingszwiebeln
1 Banane
1 mittelgroßer Zucchino
2 Teel. Butter oder Margarine

• Zubereitungszeit: etwa 30 Minuten

Etwa 2017 kJ/482 kcal

Dieses Gericht ist in etwa 5 Minuten fertig, wenn Sie 125 g gekochten Reis im Vorrat haben.

1

1 Tasse Wasser mit etwas Salz zum Kochen bringen. Den Reis hineinrühren und zugedeckt bei ganz schwacher Hitze in etwa 20 Minuten bißfest garen. Zwischendurch nicht umrühren. Deckel abnehmen und abdampfen lassen.

2

Inzwischen in einer kleinen Schüssel die Crème fraîche mit Zitronensaft, dem Wasser, Currypulver, Zucker, Salz und Pfeffer verrühren.

3

Die Frühlingszwiebeln putzen und schräg in 1/2 cm breite Stücke schneiden. Die Banane schälen und schräg in dicke Scheiben schneiden. Den Zucchino längs vierteln, dann in dünne Scheiben schneiden.

4

Eine beschichtete Pfanne erhitzen und das Fett darin schmelzen lassen. Zuerst die Frühlingszwiebeln anbraten, dann die Bananenscheiben hinzugeben und auf beiden Seiten goldgelb braten, mit Salz und Pfeffer würzen.

5

Die Zucchinischeiben dazugeben und die Currysauce darüber gießen. Einmal vorsichtig umrühren, und etwa 1 Minute kochen lassen. Vom Herd nehmen und zugedeckt warm halten, falls der Reis noch nicht fertig ist.

Grundrezept Risotto

1 Das Gemüse kleinschneiden, Zwiebeln, Knoblauch würfeln. Die Kräuter hacken. Brühe erhitzen, Käse reiben oder im Blitzhacker zerkleinern.

3 Die Brühe nach und nach zugeben und den Reis in 15–20 Minuten körnig garen, gelegentlich umrühren. Weißwein hinzufügen, köcheln lassen, bis der Reis trocken ist.

2 Öl im Topf erhitzen. Zwiebeln, Knoblauch und Gemüse darin glasig braten. Reis dazugeben und unter ständigem Rühren ebenfalls glasig rösten.

4 Den Topf vom Herd nehmen, den Käse und die Hälfte der Kräuter unterheben, mit Salz und Pfeffer abschmekken. Auf einem Teller mit den übrigen Kräutern bestreuen.